Rapport

FAIT

A L'ACADÉMIE ROYALE

DES SCIENCES, BELLES-LETTRES ET ARTS

De Lyon.

RAPPORT

FAIT

A L'ACADÉMIE ROYALE

DES SCIENCES, BELLES-LETTRES ET ARTS

DE LYON,

SUR LES HONNEURS A RENDRE A LA MÉMOIRE

du Major-Général Claude Martin,

Au nom d'une Commission

COMPOSÉE DE

MM. CHENAVARD, REY, DE RUOLZ ET POLINIÈRE,

Auxquels se sont joints les membres du bureau :

MM. SOULACROIX, ACHARD-JAMES, DUMAS, IMBERT, BRECHOT DU LUT

et DEVILLAS,

Lu dans la séance publique du 25 juin 1840,

PAR LE DOCTEUR POLINIÈRE,

AUTEUR DE LA PROPOSITION ET RAPPORTEUR.

LYON.

IMPRIMERIE DE BARRET,

PLACE DES TERREAUX, 20.

—

1840.

RAPPORT

FAIT

À l'Académie Royale

DES SCIENCES, BELLES-LETTRES ET ARTS

DE LYON,

SUR LES HONNEURS A RENDRE A LA MÉMOIRE

du Major-Général Claude Martin.

MESSIEURS,

Vers le milieu du dernier siècle, un jeune homme, né dans nos murs, cédant à cet instinct qui n'appartient qu'aux âmes fortement trempées, quitte sa famille et son pays, part pour l'Asie, et débute comme simple soldat dans les troupes de la Compagnie anglaise des Indes orientales.

Intrépide au milieu des combats, laborieux dans les camps, ce soldat se distingue par sa grande aptitude aux travaux du génie militaire, et parvient bientôt aux grades de lieutenant, de capitaine, de colonel, et enfin de major-général.

Doué d'un cœur généreux, d'un esprit réfléchi, d'une sagacité administrative qui, chez lui, tempéraient merveilleusement l'ardeur belliqueuse, il sait gagner de plus en plus l'estime et l'affection, non-seulement de ses frères d'armes, mais encore des populations indigènes : double conquête, dont la réunion est si rare.

Bien plus, il est investi de la confiance des nababs, comme de celle des chefs de la Compagnie des Indes.

Tous ces éléments de succès, habilement coordonnés, deviennent aussi des éléments de fortune, de fortune pécuniaire colossale; et celle-là pouvait être digne d'envie, car elle n'était acquise qu'à l'aide de loyaux services, de spéculations honnêtes, et par la faveur d'une heureuse destinée.

Entouré d'hommages et de tous les attributs d'une grande élévation sociale, notre compatriote approchait de cet âge de déclin où il faut songer à quitter les biens périssables de ce monde. Sa conduite dans ces moments suprêmes nous montre qu'il voulut les rendre dignes de sa longue vie, qui avait été si pleine et si belle, et que sa passion pour la gloire était égalée par sa passion pour la bienfaisance.

Cet enfant de notre grande cité, ce soldat valeu-reux, cet officier administrateur, cet ami de l'huma-nité, comblé de tous les dons de la fortune, était Claude Martin, né à Lyon en 1732, mort dans les Indes, à Lucknow, vers la fin de l'année 1800 (1).

Si les talents militaires et civils du major-général

(1) Il était grand-oncle de M. Christophe Martin, maire actuel de la ville de Lyon.

Martin n'ont pas été employés au service de son pays, il faut s'en prendre à diverses circonstances aussi impérieuses que singulières, et probablement encore aux obstacles insurmontables que rencontraient alors dans la carrière des armes tous ceux qui n'étaient pas d'extraction noble.

Mais la pensée de son pays, de sa famille, de sa ville natale, pensée qu'il avait religieusement conservée sur les plages lointaines de l'Inde, sembla se raviver dans son cœur lorsqu'il composa son testament, véritable monument de piété patriotique, consacré à sa chère ville natale.

Je ne lirai pas ici le texte entier de cet écrit, non moins remarquable par l'exposition franche des principes de conduite du général, que par la confession naïve des fautes qu'il a pu commettre. Ce testament vous est connu ; vous savez que toutes ses pages respirent des sentiments magnanimes et la foi religieuse la plus touchante. Mais il importe d'en reproduire un article ; c'est le XXVe, dont voici la teneur (1) :

Je donne et lègue la somme de deux cent mille sicka rupées, pour être disposée dans les fonds à intérêts les plus sûrs de la ville de Lyon, en France, et régie par les magistrats de cette ville, sous leur

---

(1) Le testament du général Martin a été écrit de sa main, en anglais, et mis en mauvais français par un interprète juré près la mairie de Lyon. Les incorrections, les fautes grammaticales qui s'y trouvent en grand nombre sont le fait de l'interprète juré.

protection et contrôle. Cette somme mentionnée ci-dessus doit être placée, comme je l'ai dit, dans un fonds portant intérêt.

Cet intérêt doit servir à établir une institution pour le bien public de cette ville, et les académiciens de Lyon doivent désigner (1) la meilleure institution qui puisse être constamment supportée avec l'intérêt provenant de la somme susmentionnée; et s'il n'y en a pas de meilleure, de suivre celle désignée dans l'article XXIV (2). L'institution doit avoir, comme à Lucknow, le nom de **La Martinière**, *et avoir une inscription faite au-devant de la maison d'institution, portant le même titre que celle de Calcutta.*

(1) Dans ce passage, la traduction officielle est inexacte, et rend infidèlement la pensée du testateur. En effet, l'Académie ne peut pas borner son rôle à *désigner la meilleure institution.....* L'Académie doit en *donner le plan.....* Elle est positivement chargée de ce soin par la volonté expresse du testateur et par l'arrêté du gouvernement du 12 floréal an XI, confirmé par ordonnance royale du 24 décembre 1817. (Voy. *Histoire de l'Académie de Lyon*, par M. Dumas, t. II, pag. 464-468.)

(2) L'article XXIV, auquel le fondateur veut que l'Académie s'en réfère si elle ne croit pas pouvoir faire mieux, est ainsi formulé :

Je donne et lègue la somme de 200,000 sicka rupées à la ville de Calcutta pour être mise à intérêt en papiers du gouvernement ou de la manière la plus assurée possible. Ce principal et intérêt doivent être mis sous la protection du gouvernement ou de la cour suprême, afin de pouvoir désigner l'institution la plus convenable pour le bien public de la ville de Calcutta, ou établir une école pour instruire un certain nombre d'enfants des deux sexes jusqu'à un certain âge, les mettre en apprentissage lors de leur sortie de l'école, et les marier lorsqu'ils seront d'âge.

Enfin, l'article XXXIII du testament appelle la ville de Lyon à partager par égale part avec les villes de Calcutta et de Lucknow une somme de 100,000 livres sterlings, ou environ 10 lacks de sicka rupées, pour augmenter leurs établissements respectifs, si ce fonds reste libre après l'acquittement des pensions et legs.

Et cette institution doit être établie sur la place St-Saturnin, étant l'endroit où j'ai été baptisé; d'y acheter ou bâtir une maison pour cela, et de marier deux filles chaque année; à chacune deux cents livres tournois, outre environ cent livres pour les frais de mariage et de la fête de ceux qui doivent être mariés.

Ou, si c'est une institution telle que celle de Lucknow, pour instruire un certain nombre de garçons et de filles, alors il doit y avoir un sermon et un dîner pour les enfants de l'école et ceux qui doivent être mariés, et ils doivent boire un toast en mémoire de l'instituteur; et une médaille de la valeur de cinquante livres doit être donnée, avec une récompense en argent ou en effets, de la valeur de deux cents livres, au garçon ou à la fille qui aura été la plus vertueuse et qui se sera le mieux comporté pendant le cours de l'année; et aussi une récompense de la valeur de cent livres pour le (ou la) seconde qui se sera le mieux comporté; et aussi une troisième récompense d'environ soixante livres pour le (ou la) troisième qui se sera le mieux comporté.

J'espère que le magistrat de la ville protégera l'institution.

Dans le cas que la somme ci-dessus donnée de deux cent mille sicka rupées ne soit pas suffisante pour un intérêt propre à supporter l'institution et acheter ou bâtir une maison, alors je donne et lègue une somme additionnelle de cinquante mille sicka rupées.

Un de mes parents mâles, résidant à Lyon, peut

être fait administrateur et exécuteur testamentaire, joint avec quelqu'un nommé par le magistrat pour être régisseurs de ladite institution ; et ces régisseurs doivent avoir une commission économique pour leurs peines, prise sur l'intérêt de la somme ci-dessus mentionnée.

Je donne aussi et lègue la somme de quatre mille sicka rupées, pour être payée aux magistrats de la ville de Lyon, pour libérer des prisons autant de prisonniers que la valeur de cette somme peut s'étendre, et de tels qui sont détenus pour petites dettes.

Et cette libération doit être faite le jour du mois que je mourus, afin que le souvenir du donateur puisse être connu, et que le major-général Claude Martin en est l'instituteur, et qu'il a donné la somme de quatre mille sicka rupées pour libérer quelques pauvres prisonniers autant que cette somme puisse le permettre.

Ceci je le mentionne pour que cela soit connu, et afin que si c'était négligé, quelque personne charitable le fasse connaître aux magistrats de la ville de Lyon, pour qu'ils puissent obliger mes exécuteurs testamentaires, administrateurs ou substituts de payer la somme dite ci-dessus, et d'être plus réguliers dans leurs payements (1).

---

(1) Le capital légué par le général Martin pour la fondation et l'entretien de l'institution de La Martinière était de 750,000 francs. Ce capital, avec les intérêts accumulés, s'est élevé, à l'époque du recouvrement, à plus de 1,500,000 fr.

La rente constituée à perpétuité, que ce bienfaiteur a affectée spécialement à la libération des prisonniers pour dettes, est de 12,000 fr. par an.

Il était impossible, Messieurs, que de si grands bienfaits, accordés avec tant de précautions et de soins pour les rendre efficaces, n'excitassent pas dans tous les rangs de la société une vive reconnaissance, et que le Conseil municipal, organe de la commune, n'éprouvât pas le besoin d'en manifester l'expression; car, après la noble jouissance de faire le bien, il n'en est pas de plus douce pour les cœurs bien nés que celle de sentir et d'exprimer la gratitude envers le bienfaiteur.

Indépendamment de ce sentiment naturel, un devoir moral et civique reste à remplir : c'est celui d'honorer, de glorifier la mémoire des citoyens qui ont rendu d'éminents services à leur pays, et d'entretenir par de justes récompenses une louable émulation pour le bien public.

Aussi, les membres du Conseil municipal de Lyon, ayant sous les yeux le testament du major-général Martin, et tout pénétrés de l'émotion qu'il leur inspirait, émirent-ils, à l'unanimité, les vœux et déclarations qui suivent :

« Art. Ier. Le Conseil propose qu'un service solennel, auquel assisteront les magistrats de la ville de Lyon, soit annuellement et à perpétuité célébré en commémoration de Claude Martin, né à Lyon le   janvier 1732, mort avec le grade de major-général au service de la Compagnie anglaise des Indes, à Lucknow, le   septembre 1800, et fondateur de plusieurs établissements de bienfaisance en faveur de la ville qui lui donna le jour.

« La célébration de ce service, fixée au même jour qu'a désigné le donateur pour une délivrance annuelle de prisonniers pour dettes , aura lieu dans l'église de St-Pierre, comme représentative , parce qu'elle y fut unie , de celle de St-Saturnin, que le bienfaiteur a rappelée avec intérêt dans son testament, et qui n'est plus existante.

« Art. II. Sauf à ce qu'il soit subséquemment pourvu à l'exécution d'une manière digne du bienfait et de la reconnaissance qu'il inspire, le Conseil vote, en principe, qu'une statue et un tableau destinés à représenter le major-général Martin seront exécutés aux frais de la cité : la statue, pour être placée au-dessus de l'inscription prescrite par le testateur pour le bâtiment auquel il assigne le nom de *La Martinière;* le tableau, pour être déposé au musée qui sera formé dans les bâtiments de St-Pierre. »

Par cette délibération, qui est datée de l'an XI de la République (1802-1803), le Conseil municipal ne craignit point de dépasser les limites dans lesquelles doit se renfermer, avec une sage circonspection, toute autorité constituée qui décerne des honneurs à la mémoire d'un citoyen. Le Conseil municipal de Lyon estima que, si les statues qui décorent les places publiques des cités doivent être élevées à la mémoire des guerriers, des législateurs, des savants, des artistes, des hommes de génie enfin, sous quelque forme qu'ils aient révélé leur utile influence, les grands bienfaiteurs du pays ont droit au même culte.

Et remarquez bien, Messieurs, que, pour mériter le nom de bienfaiteur dans l'acception que nous lui donnons ici, il ne suffirait pas de léguer après sa mort de grosses sommes d'argent à son pays. C'est là, sans doute, un bienfait matériel qui peut devenir fécond par une application intelligente des deniers, et qui doit rendre recommandable la mémoire du testateur.

Mais, en examinant le legs du major-général Martin et les institutions qu'il a pour but de fonder, disons mieux, qu'il fonde, notre pensée s'élève; notre reconnaissance grandit et s'épure. La haute moralité de la volonté du mourant domine tout, et l'argent n'est plus ici qu'un instrument d'exécution.

Si le Conseil municipal de l'an XI était ému d'un tel enthousiasme, alors qu'il ne faisait qu'entrevoir dans le lointain les résultats probables d'une précieuse fondation, quel ne doit pas être l'élan de tous les Lyonnais aujourd'hui qu'ils la voient réalisée, aujourd'hui qu'ils apprécient l'ensemble d'utilité morale et industrielle que présente l'institution de La Martinière, ce bel établissement, objet de l'admiration des étrangers, que l'Europe nous envie, et que nous comptons parmi les principales richesses de la seconde ville du royaume (1)!

Non, Messieurs, le Conseil municipal de l'an XI ne dépassa pas les limites d'une justice rémunératrice en prenant la délibération que nous venons de men-

---

(1) Lorsque M. de Fargues était à la tête de la mairie de Lyon, il commença à travailler avec toute l'activité alors possible au recouvrement des sommes léguées. Son successeur, M. le baron Rambaud, y déploya un zèle digne d'éloges, et il eut mille obstacles à vaincre pour en obtenir définitivement la liquidation et la rentrée ; mais ses efforts furent enfin couronnés de succès, et M. de Lacroix-Laval, en 1826, fit ouvrir l'*école provisoire de La Martinière.*

**

tionner. S'il les eût dépassés, le gouvernement ne se serait-il pas empressé de modérer un zèle irréfléchi ? Or, bien loin de s'opposer à une telle manifestation, le chef du gouvernement, le vainqueur de Marengo, qui se connaissait en titres de gloire, répond immédiatement à l'appel qui lui est fait. Il y répond par cet arrêté du 12 floréal, an XI :

« Le Gouvernement de la République,

« Sur le rapport du ministre de l'intérieur;

« Vu la lettre du préfet du Rhône et la délibération du Conseil municipal de la ville de Lyon ;

« Vu le testament du major-général Martin, etc.

Arrète :

« . . . .

« Art. VII. En reconnaissance des bienfaits du testateur, le préfet du Rhône, conformément au vœu du Conseil municipal, fera exécuter, aux frais de la cité, une statue et un tableau destinés à représenter le général Martin.

« Art. VIII. Cette statue et ce tableau seront placés dans le bâtiment où l'on établira l'institution fondée par le général Claude Martin, et dont l'Académie de Lyon donnera le plan. Au bas de la statue, on gravera une inscription semblable à celle qui doit être mise sur la porte de la maison d'institution, conformément au vœu du testateur. Cette maison sera acquise ou construite sur la place St-Saturnin, pour exécuter complètement la dernière volonté du testateur, et afin que sa mémoire soit honorée aux mêmes lieux où l'on bénit son enfance.

« Art. IX. Le ministre de l'intérieur est chargé de l'exécution du présent arrêté, qui sera inséré au *Bulletin des lois.*

« *Le premier Consul*, signé Bonaparte.

« Par le premier Consul :
« *Le secrétaire d'état*, signé Hugues-B. Maret. »

Quel éclatant hommage, Messieurs, qu'un arrêté conçu en ces termes et dicté par le premier Consul! que peut-on y objecter? ne doit-il pas dissiper les scrupules des personnes prudentes qui craindraient encore de se trop passionner si elles approuvaient la délibération du Conseil municipal de l'an XI?

Il n'est pas douteux que l'arrêté du consul Bonaparte n'eut été mis à exécution par l'empereur Napoléon sans les guerres incessantes de l'époque impériale, qui transportaient trop souvent au-delà des frontières les préoccupations du chef de l'état et des administrateurs de nos départements.

Mais aujourd'hui que les temps sont changés, et que toutes les villes de France se livrent au pieux devoir de consacrer par des monuments publics la mémoire des citoyens célèbres qu'elles ont vu naître ; aujourd'hui que la ville de Lyon elle-même s'associe à cet essor patriotique en élevant sur une de ses places la statue du bienfaiteur de la fabrique lyonnaise, retarderait-elle l'accomplissement du même devoir envers le bienfaiteur de la cité tout entière?

Une ville étrangère, voisine de nos contrées, dotée aussi de beaux établissements qu'elle doit à la munificence éclairée d'un de ses enfants, dont la destinée aventureuse et brillante dans l'Inde offre des traits frappants d'analogie avec celle du major-général Martin, n'a pas cru trop faire, pour consacrer sa gratitude, en lui érigeant une statue (1).

(1) Le lieutenant-général Leborgne, comte de Boigne, né en 1755 à Chambéry, où il est mort en 1830.

Les voyageurs qui l'ont contemplée cherchent vainement sur nos places un semblable monument, et s'affligent de notre indifférence. Espérons qu'elle touche à son terme.

Espérons, Messieurs, que Lyon, cette ville aux sentiments nobles et religieux, ne différera pas plus long-temps l'accomplissement de vœux si formellement exprimés par son Conseil municipal de l'an XI, et sanctionnés par l'arrêté du premier Consul. Cet arrêté subsiste dans toute sa force, puisqu'il n'a jamais été rapporté. Tout citoyen aurait le droit, sans doute, de rappeler l'attention de nos magistrats sur un objet qui éveille toutes les sympathies. Mais il semble que cette initiative appartienne spécialement à l'Académie, à ce corps savant, auquel le major-général Martin a laissé, en mourant, le plus beau et le plus touchant témoignage de confiance. N'est-ce pas à vous, Messieurs, qu'il a légué sa pensée intime, sa pensée chérie, en vous investissant du droit sacré de l'animer par vos sages inspirations?

Votre commission, après mûr examen,

Considérant qu'il importe de concilier autant que possible la délibération du Conseil municipal et l'arrêté du premier Consul avec les sentiments exprimés par le testateur ;

Considérant que, si l'institution de La Martinière n'a pu être établie sur la place St-Saturnin ou St-Pierre, cependant on ne doit pas perdre de vue que cet emplacement est le lieu de prédilection du major-général Martin ; qu'il s'y est transporté bien souvent par la pensée, lorsqu'il a rédigé son testament, parce que c'est là qu'il a reçu le jour, parce que c'est dans l'église St-Saturnin qu'il a reçu le sacrement du baptême ;

Considérant que ce pieux ressouvenir du donateur doit présider à notre délibération, et peut nous autoriser à demander quelques modifications aux projets dont nous avons rappelé les dispositions, afin de mieux conserver l'esprit qui les a dictés ;

Votre commission vous propose d'adopter les conclusions suivantes :

L'Académie royale des sciences, belles-lettres et arts de Lyon émet le vœu :

Que la mémoire du major-général Claude Martin, bienfaiteur de la cité, soit honorée par deux monuments : un tableau et une statue ;

Que le tableau, représentant le général, soit placé dans une des salles de l'institution de La Martinière ;

Que la statue, représentant le général, ait pour piédestal une fontaine, symbole d'abondance et de libéralité, et lieu de réunion populaire ;

Que cette statue soit élevée sur la place St-Saturnin ou St-Pierre, *afin que*, selon les belles paroles du premier Consul, *la mémoire du général Martin soit honorée aux mêmes lieux où l'on bénit son enfance ;*

Que l'expression du vœu de l'Académie soit transmise par son président, accompagné des membres du bureau, à M. le préfet du département du Rhône et à M. le maire de la ville de Lyon, avec prière de l'accueillir favorablement.

Au nom de la Commission :

POLINIÈRE, *rapporteur.*

L'Académie, après avoir entendu la lecture du présent rapport, approuve à l'unanimité sa teneur et ses conclusions, et en vote l'impression ; elle décide, en outre, qu'il sera lu dans sa séance publique du jeudi 25 juin 1840.

Lyon, ce 16 juin 1840.

SOULACROIX, *président.*
DUMAS, *secrétaire perpétuel.*

NOTICE

SUR LE

MAJOR-GÉNÉRAL CLAUDE MARTIN.

Les biographies et les actes officiels relatifs à Claude Martin le qualifient habituellement du titre de major-général, et parfois l'appellent général-major.

Cette confusion dans le langage ne doit pas être permise. Il importe, en parlant du bienfaiteur de la ville de Lyon, de bien déterminer le vrai titre qu'il avait reçu pour prix de ses services.

Et d'abord celui de *général-major* ne lui est point applicable, car il est inusité dans l'armée anglaise, où Claude Martin a servi et obtenu son avancement.

Quant au titre de *major-général*, il exprime en France une *charge* ou *fonction*, qui peut être confiée à des officiers de grades différents, et que Claude Martin n'a jamais remplie.

Mais dans la hiérarchie militaire anglaise, le titre de *major-général* caractérise un *grade* qui n'existe pas dans notre armée; grade immédiatement au-dessus de celui de colonel et au-dessous de celui de général de brigade ou maréchal-de-camp, que les Anglais appellent lieutenant-général. Or, c'est positivement ce grade de major-général que possédait notre compatriote.

Claude Martin, né à Lyon, dans la rue Luizerne, en 1732, fut, comme le maréchal Ney, le fils d'un tonnelier.

Son père, quoique chargé d'une nombreuse famille et n'ayant d'autre ressource que son travail, lui fit faire quelques études dans les écoles primaires et au collége de Lyon. Il paraît que le jeune Martin se distingua par son intelligence et son caractère de manière à se concilier la bienveillance de ses maîtres, qui lui donnèrent quelques notions des mathématiques, si peu cultivées à cette époque, et pour lesquelles il annonçait des dispositions.

Mais, pour les hommes appelés par leur destinée à jouer un rôle marquant et à s'élever aux choses extraordinaires, qu'importent l'éducation et l'instruction premières? ils trouvent en eux-mêmes les éléments de leur succès futurs; ils devinent spontanément ce qu'il leur convient de savoir, et ils l'apprennent avec facilité et promptitude.

Claude Martin nous en fournit un exemple. Éloigné par ses goûts et par son génie de la profession de son père, il obéit à sa vocation, qui le portait vers le métier des armes. A peine âgé de vingt ans, il s'enrôle comme simple soldat; son frère l'imite et s'enrôle en même temps.

A cette époque, leur mère était morte, et leur père s'était remarié. La belle-mère, instruite que ses deux fils venaient de s'enrôler, vole auprès des recruteurs et obtient, à force de supplications, que les engagements seront rompus si les jeunes gens veulent se retirer : le plus jeune y consent; Claude Martin, inébranlable dans sa résolution, déclare qu'il veut partir et aller chercher fortune en pays étranger.

Alors la belle-mère, qui était pleine de tendresse pour les fils de son mari, s'approche, tout en pleurs, de Claude, lui donne un rouleau de pièces de vingt-quatre sous et une paire de soufflets, en lui disant : « Puisque tu veux nous quitter, va, entêté, mais ne reviens jamais qu'en carrosse! »

Claude Martin partit pour les Indes dans la compagnie des guides du général comte de Lalli.

Ce corps d'élite y acquit, pendant la première campagne, une réputation de bravoure et de fidélité qui le rendit à la fois redoutable et estimable aux ennemis.

On n'a que des renseignements incertains sur les circonstances qui firent passer Claude Martin au service de l'Angleterre peu de temps après son arrivée à Pondichéry. La rigueur d'une discipline brutale, poussée parfois, dit-on, jusqu'à la férocité, éloigna de Lalli tout sentiment d'attachement de la part des Français employés sous ses ordres ; et la dissolution du corps où Martin s'était engagé en fut une des conséquences. On prétend que le corps tout entier se vit forcé, par suite des mauvais traitements de Lalli, à déserter avec armes et bagages.

Il est possible aussi que la triste perspective de services sans avancement pour les Français nés dans la roture, fut un motif de découragement et de mécontentement.

Quoi qu'il en soit, en 1756, Claude Martin, âgé de 23 ans, prit du service dans la Compagnie anglaise des Indes orientales, où il débuta comme simple soldat. Il ne tarda pas à s'y distinguer. Son extérieur avantageux, ses manières douces et affables, sa conduite des plus régulières, lui concilièrent l'estime et l'affection de ses chefs.

Le général anglais lui fit obtenir du gouvernement de Madras le commandement d'un corps de chasseurs, composé de Français, et avec le grade d'enseigne. Quelques semaines après, Martin fut envoyé avec son régiment dans le Bengale.

Cette traversée offrit les plus grands dangers : le vaisseau de transport ayant échoué à la hauteur de Gandewar, Martin parvint par son intrépidité à sauver une partie de l'équipage. Le conseil du Bengale lui accorda, à son retour à Calcutta, un guidon de cavalerie en récompense de cette belle action, et, peu de temps après, une compagnie d'infanterie.

Ce fut alors qu'il commença à déployer ses moyens, et

surtout ses connaissances comme ingénieur-géographe.
Chargé par le conseil de Calcutta de lever la carte du nord
du Bengale, il s'en acquitta si bien qu'il fut envoyé immédiatement après dans les états du nabab d'Aoudh pour y
faire la même opération.

Pendant son séjour à Lucknow, le nabab Sujah uh
Dowlla conçut une si haute idée de ses connaissances dans
le génie et de ses talents en mécanique, qu'il sollicita et
obtint l'agrément de la Compagnie à l'effet de le conserver
près de lui comme surintendant de son arsenal.

Martin obtint en peu de temps la confiance du nabab,
et eut une influence marquée dans les conseils du prince,
dont, outre les émoluments considérables de sa place, il
recevait les plus riches présents. Il sut exciter les goûts du
nabab pour les arts européens, et il acquit, par ses rela-
tions de commerce pour les satisfaire, un crédit immense
auprès des banquiers du Bengale.

La confiance qu'il inspirait était telle, que le gouvernement ne pouvait négocier aucun emprunt sans sa partici-
pation; et les plus riches particuliers de l'Inde déposèrent
chez lui leurs trésors, à un intérêt de douze pour cent,
pendant les vingt années de guerre civile qui désolèrent
ce pays. Telle est la source de sa fortune. Elle s'accrut
considérablement ensuite par tous les établissements que
créa son génie inventif, comme manufacture d'indigo,
usine pour la fabrication des poudres, etc. On conçoit ai-
sément les richesses qu'il dut acquérir par tous ces moyens
réunis et par la rigoureuse économie qu'il avait mise dans
l'administration de ses biens. Cependant sa dépense per-
sonnelle n'était point excessive. Sa table n'était remarquable ni par le faste ni par la gaîté; mais elle était ouverte
à tous les étrangers résidants ou de passage à Lucknow.

Après un séjour de vingt-cinq ans dans cette ville, il obtint, par rang d'ancienneté, le grade de lieutenant-colonel;

et, pendant la guerre contre le sultan Tippou-Saheb, il fut
fait colonel. Enfin, en 1796, le roi d'Angleterre le nomma
major-général; juste récompense des services signalés qu'il
avait rendus à la Compagnie des Indes. Mais, par attachement pour la France, Martin refusa de se faire naturaliser
Anglais, et, par là, il renonçait à l'avantage d'être employé
dans l'armée active.

Plein d'enthousiasme pour la gloire, Claude Martin était
également passionné pour la bienfaisance. Des établissements philanthropiques à Lucknow, à Calcutta, à Chander-
nagor, des écoles gratuites pour la jeunesse des deux sexes,
des maisons d'asile pour les étrangers, des distributions
journalières et perpétuelles d'aliments aux pauvres, des
sommes consacrées à la délivrance de pauvres prisonniers
pour dettes, de nombreux esclaves affranchis et dotés.....:
tels furent, pendant sa vie et après sa mort, ses nombreux
bienfaits. Il avoue ingénument dans son testament que la
vanité fut souvent le mobile de ses actions.

Espérant d'être excusé pour une telle idée, dit-il, *je ne
pouvais m'empêcher d'être sensible au plaisir de ce que je
faisais; et, comme j'ai souvent engagé et encouragé les autres dans leurs vanités, pourvu que la bonne action fût
faite, j'espère qu'on m'accordera la même indulgence,
n'ayant jamais eu à cœur d'augmenter ma fortune que
pour l'ambition de faire du bien aux autres* (1).

Ses parents résidants en France, et pour lesquels il
avait conservé une profonde affection, furent l'objet de sa
sollicitude durant sa vie; et, au milieu des orages de la

______

(1) Ce testament... est un monument curieux du contraste de l'éducation européenne et des mœurs asiatiques. Il y a quelque chose de magna-
nime et de religieux dans le dernier acte de cet homme, qui repasse dans
sa conscience le bien qu'il doit faire avant de mourir. — *Mercure de
France*, 14 mai 1803.

révolution française, il leur en fit parvenir des témoignages non équivoques.

Tout ce qui entourait le général Martin était heureux. La sensibilité de son cœur le portait à aimer. Il traita toujours avec humanité ses esclaves, et leur a laissé une heureuse existence après lui.

Son palais, dont il fut l'architecte, situé sur les bords de la rivière Guwnter, à Lucknow, est remarquable par la beauté et la recherche de ses appartements. Il est entièrement bâti en pierres de taille; tous les étages sont surmontés de voûtes elliptiques; tous les parquets sont en stuc. La hauteur de chaque étage est calculée sur l'élévation progressive des eaux de la rivière. Afin d'échapper aux chaleurs accablantes qui règnent dans le Bengale, il habitait successivement l'appartement souterrain au niveau des plus basses eaux, le rez-de-chaussée, le premier, le deuxième et le troisième étage. De cette manière, il jouissait dans toutes les saisons d'une température à peu près égale. Un superbe muséum, fourni des morceaux d'histoire naturelle les plus rares, était placé au quatrième étage. L'édifice est surmonté d'un observatoire, où il avait réuni une très-belle collection d'instruments astronomiques. Ce palais est près du parc d'artillerie dont il avait la direction, et dans lequel il a placé une fort belle machine à vapeur qu'il avait fait venir d'Angleterre.

Il aimait et cultivait la physique expérimentale. Ayant répété, en présence du nabab Assof uh Dowlla, les expériences aérostatiques de Montgolfier, le prince, enchanté de ces merveilles, lui ordonna de construire un ballon assez vaste pour contenir vingt personnes. Martin lui fit sentir le danger d'une telle expérience pour les voyageurs : « Qu'est-ce que c'est que vingt hommes de plus ou de moins, lui répondit le nabab; faites toujours, et qu'une pareille misère ne vous arrête pas! » Malgré cette réponse,

Claude Martin, qui savait faire cas de la vie des hommes,
éluda les ordres du despote asiatique, et l'expérience n'eut
pas lieu.

Outre son palais de Lucknow, le général Martin avait
encore, sur le bord du Gange, à dix lieues de cette ville,
une superbe maison de campagne, nommée Constantia-
House, dont le parc a trois lieues de circonférence. C'est là
qu'il passait une partie de l'été dans les dernières années
de sa vie. Il y dépensa des sommes énormes pour y faire
construire un château fort, dont l'architecture est du genre
gothique. Ce château est fortifié à l'européenne et avec tant
de régularité qu'il est en état de résister, suivant l'opinion
commune, à toutes les armées asiatiques. C'est dans l'en-
ceinte de ce château qu'il s'est fait élever un tombeau d'un
goût simple et noble, sur lequel on a gravé cette inscription, qu'il avait lui-même composée :

Ici repose CLAUDE MARTIN,

né a Lyon en 1752, venu aux Indes en qualité de simple soldat,

et mort Major-Général.

Une maladie cruelle, la pierre, l'affligea dans les dernières années de sa vie. Il eut recours à un moyen de gué-
rison qui donne à la fois l'idée de son génie et de la force
de son caractère. Il introduisit dans la vessie, à l'aide
d'une sonde creuse de gomme élastique, un mandrin ar-
mé d'une lime fine, afin de diminuer petit à petit le volu-
me du calcul et de le détruire. Il réitérait chaque jour
cette opération, qui paraît si extraordinaire qu'on serait
porté à la révoquer en doute si les personnes les plus res-
pectables, notamment le général Keed, son compagnon
d'armes et son ami, n'en avaient été les témoins oculaires
et n'en certifiaient la vérité. Ne semblerait-il pas que la
lithotritie, cette belle découverte de nos jours, et que le docteur Civiale a le premier pratiquée en France, n'est qu'une

application heureuse et perfectionnée de la méthode que le général Martin avait inventée pour son propre compte?

Quelque opinion que l'on se forme à ce sujet, toujours est-il que le général Martin atteignit le but qu'il s'était proposé, et parvint à se délivrer complètement de la pierre. Mais, dans un âge plus avancé, la maladie s'étant reproduite, soit qu'il redoutât de se soumettre de nouveau à ce traitement long et douloureux, soit plutôt qu'il se considérât comme arrivé au terme de sa vie fixé par la Providence, il s'abandonna sans se plaindre à sa destinée, et supporta avec une courageuse résignation la pénible infirmité qui l'affaiblit graduellement et causa sa mort le 13 septembre 1800, dans la 68ᵉ année de son âge. Il avait exigé que son corps, au lieu d'être embaumé, fût salé et mis dans un cercueil de plomb avant d'être porté à sa dernière demeure.

Les richesses du major-général Martin, comptées par lacs-de-roupies, suivant l'usage de l'Inde, ont été évaluées à neuf ou dix millions de francs.

« Après avoir acquitté avec magnificence les dettes de la reconnaissance, de la nature et de l'amitié, le major-général Martin a donné aux pauvres le reste de ses biens, et il a cherché à faire concourir à la prospérité publique les secours qu'il accordait à l'indigence et au malheur (1). »

Voulant éterniser sa mémoire parmi ses compatriotes, il légua à la ville de Lyon :

La somme de 250,000 sicka roupies (environ 750,000 f, qui, au moment du recouvrement, formaient, avec les intérêts capitalisés, plus de 1,500,000 francs) pour l'institution de *La Martinière;*

Plus, 4,000 roupies par an (ou 12,000 francs de rente annuelle) pour la délivrance de prisonniers pour dettes.

Il a assimilé ainsi la ville qui l'a vu naître à celles de

(1) M. Dumas, *Histoire de l'Académie de Lyon*, t. II, p. 463.

Calcutta et de Lucknow, double théâtre de son élévation et de sa fortune, et auxquelles il a laissé les mêmes témoignages de reconnaissance.

Dans la séance publique de l'Académie de Lyon tenue le 6 floréal an XI (26 avril 1803), M. le docteur Martin aîné lut un intéressant mémoire intitulé *Anecdotes sur la vie du major-général Claude Martin, précédées d'un Précis sur l'Inde, etc.* Notre respectable collègue avait recueilli les éléments de son travail, ainsi qu'il le dit lui-même, dans un ouvrage périodique imprimé à Calcutta par les soins d'une société de savants anglais, sous le titre de *Asiatics annuals registers*.

C'est à la même source, ou peut-être tout simplement dans le mémoire de notre collègue, qu'ont puisé plusieurs écrivains qui se sont occupés depuis du même sujet.

Voyez aussi la *Biographie universelle* publiée par MM. Michaud ; la *Biographie des contemporains*, par MM. Babbe, Vielh de Boisjolin et Sainte-Preuve ; la *Galerie des hommes utiles de la Société Monthyon et Franklin*, art. Martin (Claude), par M. Jarry de Mancy.

Dr P........